WINTER

Le dauphin qui réapprit à nager

Raconté par JULIANA HATKOFF,
ISABELLA HATKOFF *et* CRAIG HATKOFF

Texte français d'Isabelle Allard

Éditions
SCHOLASTIC

Nous dédions ce livre aux millions d'enfants qui luttent pour surmonter des handicaps de toutes sortes, et aux enfants qui comprendront, grâce à Winter, que l'amitié, la compassion et la ténacité peuvent les aider à faire de la planète un endroit où l'on peut vivre mieux.

Note des auteurs : Les photos prises sur le vif du sauvetage et de l'épreuve vécue par Winter sont précieuses, et c'est un privilège pour nous de pouvoir les utiliser. Bien qu'il ne s'agisse pas de photos haute définition, le simple fait qu'elles existent nous offre un témoignage inestimable de l'ampleur de la tragédie inhérente à cet événement extraordinaire.

Conception graphique d'Elizabeth B. Parisi
Le texte a été composé avec la police de caractères Adobe Garamond, 14,5 points.

Références photographiques :
Page couverture, quatrième de couverture et photos de cas : © J. Carrier; pages 4, 8-9 : © J. Carrier;
pages 10, 14-17 : © Clearwater Marine Aquarium; page 11 : © Jim Savage;
pages 12, 13 : © Harbor Branch Oceanographic Institute;
pages 18-33 : © J. Carrier; carte de la page 34 : gracieuseté de Jim McMahon.

Catalogage avant publication de Bibliothèque et Archives Canada
Hatkoff, Juliana
Winter, le dauphin qui réapprit à nager / raconté par Juliana Hatkoff, Isabella Hatkoff et Craig Hatkoff ;
texte français d'Isabelle Allard.
Traduction de: Winter's tail.
ISBN 978-1-4431-0133-2
1. Winter (Dauphin)--Ouvrages pour la jeunesse.
2. Grand dauphin--Lésions et blessures--Ouvrages pour la jeunesse.
I. Hatkoff, Isabella II. Hatkoff, Craig III. Allard, Isabelle IV. Titre.
QL737.C432H38514 2010   j639.97'9533   C2009-906078-7

*Nous désirons souligner l'inlassable dévouement des employés du Clearwater Marine Aquarium et de tous
ceux qui ont contribué au sauvetage et à la réadaptation de Winter. Merci d'avoir déployé autant d'efforts et d'avoir
fait connaître cette histoire au reste du monde. Nous souhaitons également remercier Jennifer Rees, J. Carrier,
Kristen Earhart, Laura Morgan, Rachel Mandel et notre mère, Jane Rosenthal.
Et bien sûr, nous remercions Winter, qui est une source d'inspiration pour le monde entier.*

Chers amis,

Vous connaissez peut-être notre collection grandissante d'incroyables histoires de jeunes animaux combattant l'adversité, dans divers endroits du monde : Owen, un bébé hippopotame devenu orphelin durant le tsunami en Asie, puis adopté et élevé par Mzee, une énorme tortue de 130 ans; Knut, un ourson polaire abandonné à sa naissance par sa mère, puis élevé par un gardien dévoué au zoo de Berlin.

Nous avons maintenant le plaisir de vous présenter une nouvelle histoire incroyable, mais vraie. Contrairement aux autres récits qui se passaient sur la terre ferme, celui-ci prend place en pleine mer. Voici l'histoire de Winter, un jeune dauphin femelle à gros nez qui a perdu sa queue après s'être emmêlé dans le cordage d'un casier à crabes au large de la Floride. La jeune femelle, blessée, a été secourue et amenée à l'aquarium marin de Clearwater, où elle s'est réadaptée et a appris à nager sans queue. Les dauphins se déplacent normalement à grande vitesse dans l'eau. Ils sont extrêmement agiles et se propulsent grâce au mouvement d'ondulation du bas vers le haut de leur queue en éventail. Winter, n'ayant plus de queue, a naturellement improvisé une solution ingénieuse pour se déplacer : bouger son corps de gauche à droite. Cependant, les biologistes ont constaté que ce moyen de propulsion efficace et peu élégant était néfaste pour la colonne vertébrale et les organes internes de Winter. Et ce problème risquait de s'aggraver à mesure qu'elle grandissait.

La solution est venue du miracle de la technologie moderne. Des ingénieurs prothétiques inlassables et dévoués ont mis au point une nageoire caudale artificielle qui a permis à Winter de nager de nouveau comme un dauphin. Il s'agit là d'une histoire d'ingéniosité et de persévérance, aussi bien animale qu'humaine. Winter est devenue un modèle et un symbole pour des millions de gens aux prises, directement ou indirectement, avec divers types d'épreuves. Nous espérons que vous aimerez l'histoire émouvante de Winter, un brave petit dauphin qui a réappris à nager.

Avec affection et espoir,

Par un froid matin d'hiver, au large de la côte est de la Floride, un bébé dauphin, une femelle, s'est coincé dans le cordage d'un casier à crabes. Dans ses efforts pour se libérer, il s'est emmêlé davantage dans la corde reliant le casier à la bouée. Plus il se débattait, plus la corde se resserrait autour de sa queue. Heureusement, un pêcheur a remarqué cette situation insolite et est venu à la rescousse. La jeune femelle allait-elle survivre? Et si elle s'en tirait, comment se débrouillerait-elle sans nageoire caudale? Pourrait-elle nager? Comment se développerait-elle?

Vivre sans nageoire caudale s'est avéré un défi de taille, mais avec l'aide et les soins d'un groupe de gens dévoués, Winter a réussi contre toute attente. Son histoire est devenue une source d'inspiration et de réconfort pour d'innombrables personnes aux quatre coins du monde.

Winter, gravement blessée dans la lagune Mosquito, peu après avoir été secourue.

Il faisait froid, le matin du samedi 10 décembre 2005. Jim Savage était le seul pêcheur à braver le vent glacial de la lagune Mosquito. De son bateau voguant dans la faible lueur du jour, Jim a remarqué une ligne de casiers à crabes sous l'eau. Un des casiers semblait se diriger dans la direction opposée aux autres. Quelque chose le tirait contre la force du vent. Jim a ralenti et a dirigé son bateau vers le casier. Avant même de discerner quoi que ce soit, il a entendu un cri rauque et puissant qui dominait le bruit des vagues. En scrutant les eaux troubles du regard, il a aperçu un bébé dauphin qui suffoquait. L'animal était coincé. La corde du casier s'était resserrée autour de sa bouche et de sa queue.

Le dauphin était si emmêlé dans la corde que son petit corps était recourbé comme un fer à cheval, la bouche près de la queue. Jim a parlé au dauphin pour le rassurer, lui disant qu'il allait l'aider. Il savait qu'il devait d'abord libérer la tête pour que le petit dauphin puisse sortir son évent de l'eau et respirer. Celui-ci a continué de se débattre pendant que Jim, avec son couteau de pêche, coupait la corde qui ligotait la bouche et la queue.

Winter est sauvée, mais elle est épuisée après ses efforts pour se libérer.

Teresa, de l'institut de recherche Hubbs-SeaWorld, tente de calmer et de réchauffer l'animal blessé et frissonnant.

Quelques minutes plus tard, Jim a retiré le dernier bout de corde, et Winter s'est éloignée du bateau en nageant. Elle est demeurée à bonne distance du pêcheur, mais n'a pas quitté la lagune. Après 30 minutes, Jim a compris qu'elle était blessée et trop épuisée pour partir. Il a téléphoné à la Florida's Fish and Wildlife Conservation Commission (commission de préservation de la faune aquatique et terrestre de la Floride). Ces spécialistes sauraient comment prendre soin d'un dauphin blessé.

Jim a surveillé Winter jusqu'à l'arrivée de l'équipe de sauvetage, quelques heures plus tard. En voyant les entailles sur la queue de Winter, les sauveteurs ont su qu'ils devaient l'emmener dans un endroit protégé où elle pourrait se rétablir.

Même si elle était blessée, elle n'était pas facile à attraper. Mais ils ont réussi à l'encercler. Après l'avoir retirée de l'eau, ils ont tenté de la calmer avant de la transporter jusqu'à leur camion. Ils avaient une longue route à parcourir pour se rendre à l'aquarium marin de Clearwater, sur la côte ouest de la Floride.

Tout le monde craint que Winter soit trop faible pour supporter le voyage.

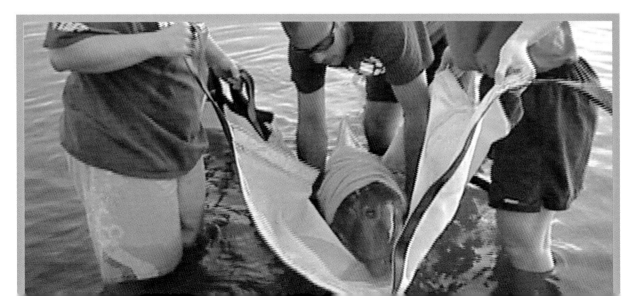

Un petit attroupement attendait avec inquiétude l'arrivée du dauphin à l'aquarium. Le groupe comprenait un vétérinaire, des entraîneurs de dauphins et des bénévoles. Dès que le camion s'est immobilisé, ils étaient prêts à donner un coup de main. Le voyage n'avait pas été facile. Le dauphin avait été hors de l'eau pendant plus de trois heures. En outre, l'air nocturne était froid. Il faisait si froid que l'équipe a décidé de baptiser le dauphin Winter (Hiver).

L'équipe de sauvetage a délicatement transféré Winter dans un réservoir. Abby, l'entraîneuse principale des dauphins, est demeurée près de Winter dans le réservoir. Un vétérinaire a aussitôt évalué son état de santé. Il était évident qu'elle était gravement blessée. Le vétérinaire a déterminé que Winter n'était âgée que de deux ou trois mois. Dans la nature, les bébés dauphins boivent le lait de leur mère jusqu'à l'âge de deux ans. Winter était si jeune qu'elle n'aurait pas su quoi faire d'un poisson. Pourtant, elle devait s'alimenter. Il n'y avait pas d'autre choix que d'insérer délicatement une sonde d'alimentation dans sa gorge pour la nourrir. Encore secouée par les événements, Winter s'est débattue même si la sonde ne lui faisait aucun mal.

Abby et les autres employés de l'aquarium savaient toutefois que la résistance de Winter démontrait qu'elle avait encore assez de courage et d'énergie pour tenter de se défendre.

Winter n'est jamais seule. Des bénévoles se relaient à ses côtés pour s'assurer que son évent demeure toujours au-dessus de l'eau.

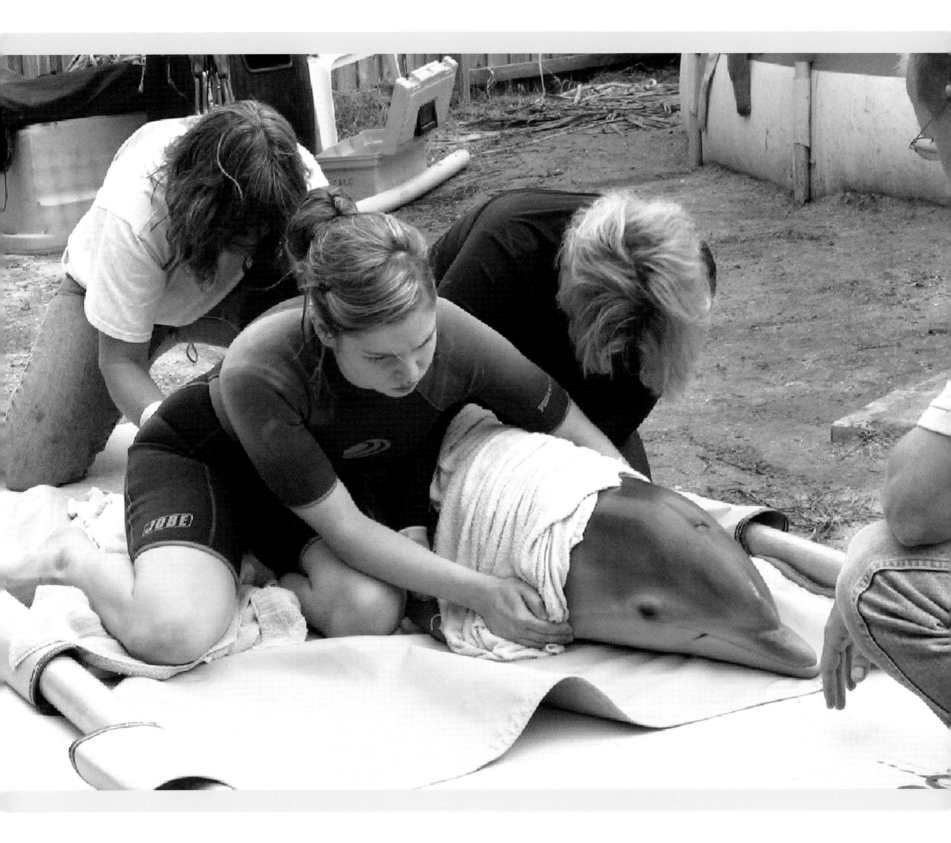

La force de leur nageoire caudale permet aux dauphins de nager à grande vitesse. Sans queue, Winter pourra-t-elle nager quand même?

Le lendemain de l'arrivée de Winter à l'aquarium, Abby lui a présenté un biberon contenant une préparation lactée destinée aux animaux de zoo. Au début, Winter ne savait pas à quoi cela servait. Il lui a fallu une semaine pour apprendre à boire. Alors, les employés de l'aquarium ont pu retirer la sonde d'alimentation. Ils pesaient Winter chaque jour. Elle a commencé à prendre du poids, ce qui était bon signe.

Winter était toujours très mal en point. La corde du casier s'était enroulée tellement serré autour de sa queue qu'elle avait interrompu la circulation sanguine. Des morceaux de sa queue ont commencé à s'effriter.

Néanmoins, à la fin de la semaine, Abby et ses coéquipiers ont estimé qu'il n'était plus nécessaire de soutenir Winter dans l'eau. Ils l'ont encouragée à nager par elle-même. Puis, ce que tous craignaient s'est produit : elle a perdu sa nageoire caudale. Il ne restait plus qu'un moignon charnu qui allait guérir avec le temps.

Winter allait-elle pouvoir nager sans queue?

Une bénévole encourage Winter à boire au biberon.

Winter a fini par nager seule, mais elle ne se déplaçait pas comme les autres dauphins. Le moignon de sa queue s'agitait latéralement, comme chez un poisson ou un requin, au lieu d'onduler de bas en haut comme chez les autres dauphins. C'était tout de même incroyable : elle avait trouvé elle-même une nouvelle façon de nager! Bien qu'impressionnés, ses entraîneurs s'inquiétaient des conséquences que ces mouvements contre nature auraient sur sa colonne vertébrale.

La nageoire caudale de Winter était tombée, et la blessure était guérie. Winter s'habituait peu à peu à son nouveau milieu et à ses entraîneurs. Chaque fois que quelqu'un arrivait près de son bassin avec un biberon, elle l'accueillait joyeusement par une série de cliquetis et de sifflements. À l'âge de cinq mois, elle a commencé des séances quotidiennes d'entraînement. Ses entraîneurs ont employé des techniques similaires à celles utilisées avec les autres dauphins de l'aquarium. Winter a bientôt appris à répondre à leurs signaux. C'était une élève enthousiaste qui apprenait vite.

Winter n'est pas tout à fait guérie, mais à la grande surprise de tous, elle peut nager.

Panama laisse Winter la suivre comme le font les bébés dauphins avec leur mère.

Winter avait appris à faire confiance aux gens qui s'occupaient d'elle, mais elle n'avait pas vu d'autres dauphins depuis son arrivée à l'aquarium. Le temps était venu de lui faire rencontrer une nouvelle amie. Les entraîneurs ont décidé de lui présenter Panama, une femelle plus âgée qui avait aussi été secourue. Ils ne savaient pas comment Winter réagirait en voyant Panama, et vice-versa. Panama comprendrait-elle que Winter était un dauphin?

Lorsque Winter est entrée dans le nouveau bassin, Panama a gardé ses distances. Winter est demeurée près du bord, où elle se sentait en sécurité. Elle a observé l'autre dauphin qui nageait autour du bassin. Puis elle s'est lassée d'attendre. Si elle voulait se faire une amie, il était clair qu'elle devait faire les premiers pas. Alors, au prochain passage de Panama, elle a nagé à sa rencontre. Panama a tenté de l'ignorer, mais Winter ne s'est pas laissé décourager. Elle a continué de s'approcher allègrement de Panama. Finalement, après trois jours, Panama a cédé. Elle a cessé d'éviter Winter, et les deux dauphins restent ensemble depuis ce jour.

Winter et Panama passent tout leur temps ensemble.

En plus d'aider les gens à comprendre ce qu'est un handicap, Winter montre qu'il est possible de s'adapter à presque toutes les situations.

L'émission *Today Show* de NBC a présenté un reportage au sujet de Winter lorsqu'elle a eu un an. La nouvelle a vite circulé. Winter est devenue célèbre. Les gens ont afflué pour lui rendre visite à l'aquarium de Clearwater. L'adorable dauphin a aussi commencé à recevoir des lettres de ses admirateurs. Certains avaient eux-mêmes un handicap ou connaissaient quelqu'un qui en avait un, depuis la naissance ou à la suite d'une amputation. Tout le monde pouvait s'identifier à Winter.

Cette merveilleuse Winter semblait capable de surmonter tous les obstacles! Cependant, même si les vétérinaires et les entraîneurs se réjouissaient qu'elle s'adapte à sa nouvelle vie, ils savaient qu'elle allait bientôt devoir affronter une épreuve des plus difficiles. Des mois de nage latérale avaient entraîné des dommages. Abby aidait Winter à faire des exercices au bord du bassin, mais ses muscles n'étaient pas aussi souples et développés qu'ils auraient dû l'être. Il fallait trouver un moyen de permettre à Winter de nager comme un dauphin.

Heureusement, Kevin Carroll avait entendu parler de Winter à la radio et a communiqué avec l'aquarium. Cet amateur de dauphins était aussi un créateur de prothèses de renom. Il mettait au point des dispositifs spéciaux pouvant remplacer des parties du corps comme un bras ou une jambe. Kevin croyait qu'il pouvait aider Winter.

Chaque jour, une foule de visiteurs viennent observer Winter, le célèbre dauphin.

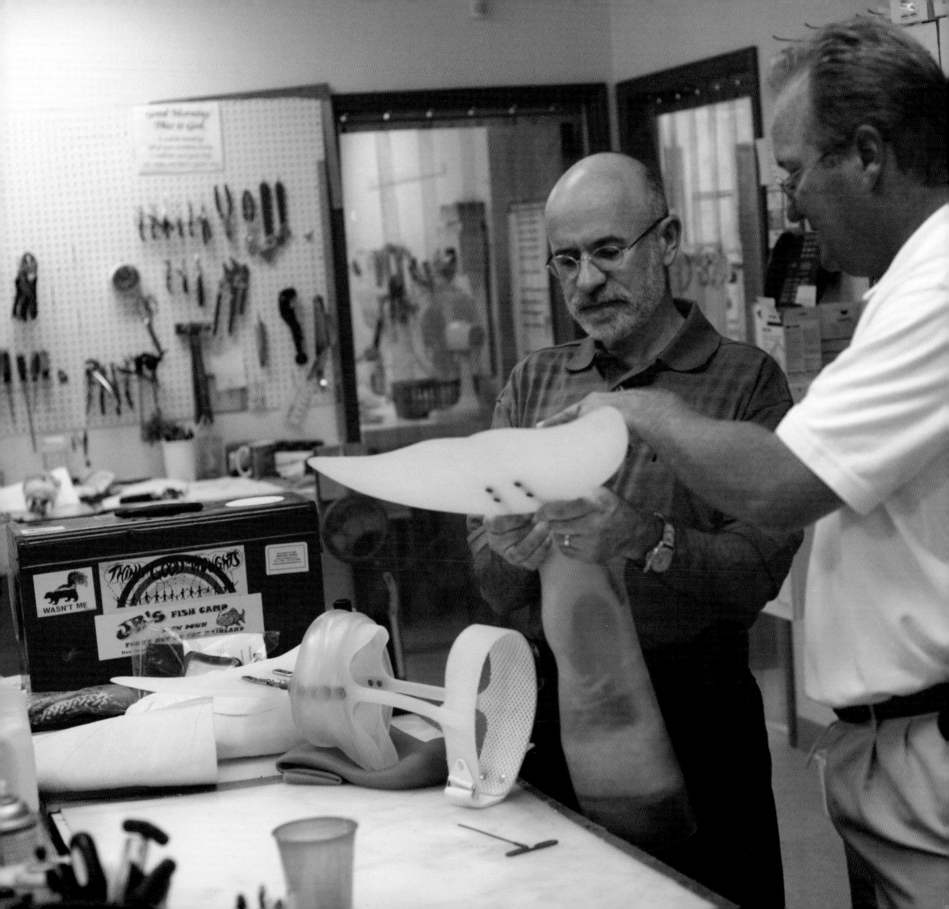

Kevin Carroll (à gauche) et son équipe de Hanger Prosthetics & Orthotics doivent surmonter bien des difficultés afin de concevoir une queue parfaite pour Winter.

Winter étant un dauphin, il s'agissait d'un cas particulier. Non seulement sa prothèse devait fonctionner dans l'eau, mais elle devait aussi supporter la force de chaque battement de queue. Une équipe d'experts, dont Kevin Carroll, des vétérinaires, des entraîneurs de dauphins et des spécialistes en mammifères marins s'est constituée pour mettre au point une prothèse adaptée aux besoins de Winter.

Chaque membre de l'équipe a exposé ses idées sur la façon de concevoir la meilleure prothèse possible. Cela n'avait jamais été accompli auparavant, et il fallait surmonter plusieurs obstacles. Le premier était l'ajustement. Winter n'avait pas d'articulation caudale ni d'endroit permettant de fixer une prothèse à son corps. En outre, les dauphins ont la peau extrêmement sensible. L'équipe devait trouver un moyen de relier la queue artificielle au corps de Winter sans lui causer d'irritation ou d'inconfort. La deuxième difficulté était le mouvement de la prothèse. Il fallait créer un modèle qui imiterait l'ondulation de bas en haut du dauphin.

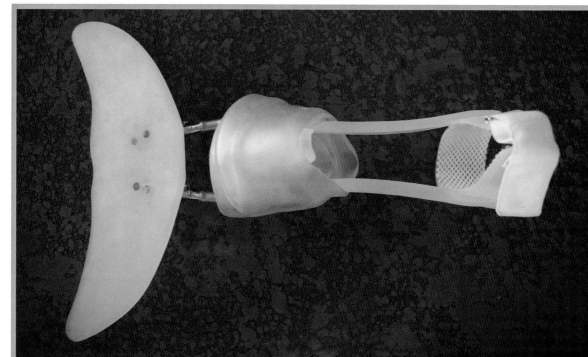

La queue artificielle de Winter

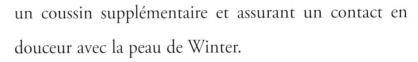

Enfin, une autre inquiétude concernait Winter elle-même. Comment réagirait-elle à cette nouvelle queue? Abby et les autres entraîneurs ont travaillé sans relâche pour la préparer. Ils devaient d'abord l'habituer au port d'une prothèse. Ensuite, ils pourraient lui apprendre à nager à l'aide de sa propre queue artificielle.

Les prothésistes ont vite compris qu'ils devaient créer un manchon spécialement conçu pour le moignon de Winter. Ils ont fabriqué un moule de son pédoncule afin que le manchon s'y adapte parfaitement. Puis Kevin Carroll a été encore plus loin pour rendre la prothèse confortable. Il a créé un gel de silicone spécial agissant comme un coussin supplémentaire et assurant un contact en douceur avec la peau de Winter.

Il a fallu plusieurs mois de travail et la confection de différents modèles avant que l'équipe n'obtienne une prothèse reproduisant le mouvement naturel d'une nageoire caudale de dauphin. Il s'agissait d'une conception unique comprenant deux manchons. Le manchon principal en silicone se plaçait directement sur le pédoncule de Winter. Le deuxième, fixé sur le premier, maintenait la queue et son attache en place.

La queue de Winter doit être parfaitement ajustée pour qu'elle puisse nager correctement.

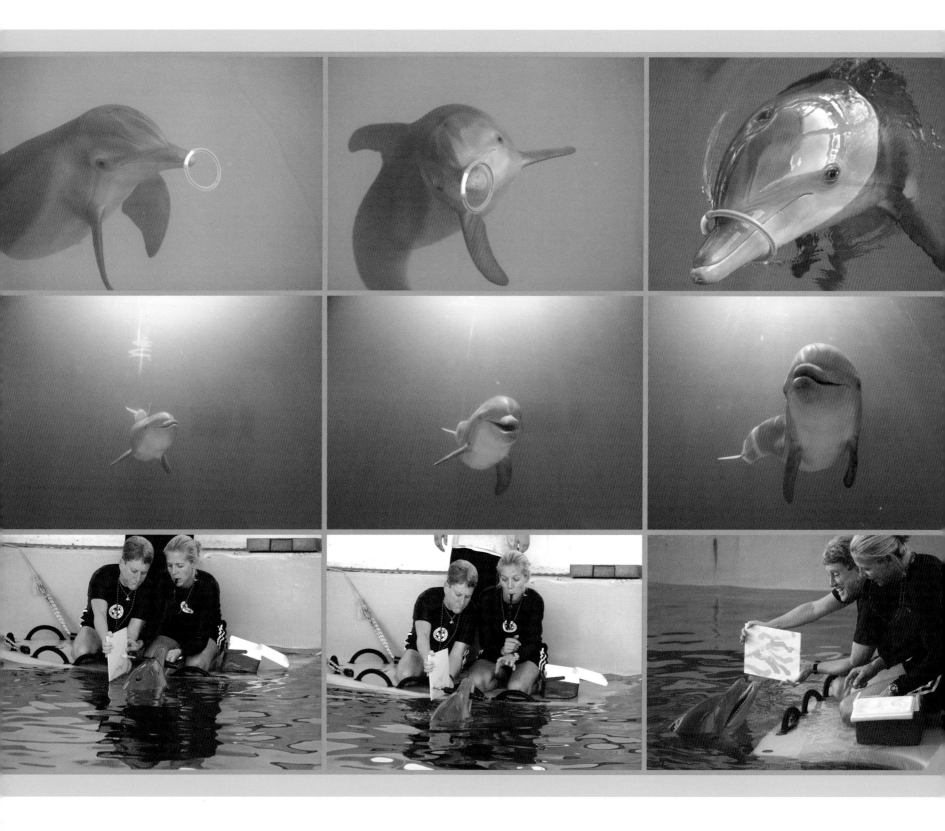

Abby a consacré de nombreuses heures à montrer à Winter comment se mouvoir avec sa prothèse. Elle lui a fait comprendre que, lorsqu'elle portait sa queue artificielle, elle devait se propulser en bougeant sa queue, et non ses nageoires pectorales.

Winter semble apprécier sa nouvelle prothèse. Elle nage parfois en cercle, courant après sa queue, ou se pavane devant Panama en la lui agitant devant la face. Certains jours, elle ne veut pas que ses entraîneurs lui enlèvent sa prothèse!

Winter porte maintenant sa queue artificielle pour une courte période chaque jour. Un entraîneur est toujours près d'elle pour la surveiller. L'objectif est que Winter finisse par porter sa prothèse quelques heures par jour, ce qui suffira à garder sa colonne vertébrale en bonne position et son corps souple. Même après de courtes séances, les entraîneurs de Winter peuvent déjà constater une amélioration.

Abby et de jeunes admirateurs observent attentivement Winter.

Des cartes d'anniversaire à profusion pour Winter!

Winter a eu droit à une grande fête pour son troisième anniversaire. Il y avait même un gâteau et des bougies! Beaucoup de gens sont venus célébrer cet événement avec elle, ce qui a semblé lui faire plaisir.

Nous ne savons pas réellement ce que pense Winter, mais ses entraîneurs affirment qu'elle a un rapport particulier avec ceux qui lui rendent visite. Les gens ressentent cette complicité eux aussi. Les enfants qui portent des prothèses, les anciens combattants qui ont perdu un membre, et même une fillette qui refusait de porter un appareil auditif jusqu'à ce qu'elle rencontre Winter, tous constatent comment ce dauphin s'est adapté et en tirent force et inspiration.

Avec l'aide de Kevin Carroll, Winter fait bénéficier d'autres personnes de la technologie de sa prothèse. Après avoir créé le gel de silicone pour son manchon, Kevin s'est dit que le même matériau qui rend le port de la prothèse si confortable pourrait aussi aider les gens. Il a mis le gel à l'essai auprès d'un ancien combattant de la guerre en Irak, qui avait des problèmes avec ses jambes artificielles. Le gel de silicone a procuré un coussin supplémentaire qui a soulagé l'inconfort. C'était une grande percée qui a permis de faciliter un peu plus la vie des gens portant des prothèses.

Des invités spéciaux présentent un gâteau d'anniversaire à Winter.

Winter a peut-être perdu sa famille, son chez-soi et même sa queue, mais elle a trouvé un foyer et une nouvelle famille à l'aquarium de Clearwater. Elle y a trouvé Panama, Abby, les vétérinaires, les entraîneurs et les bénévoles qui prennent soin d'elle tous les jours. Grâce à eux, elle a aussi obtenu une nouvelle queue. À travers tous ces changements, le message est demeuré le même. Le courage et la ténacité exemplaires de Winter l'ont aidée à s'adapter et à tirer le meilleur parti de toutes les situations.

Et son histoire est loin d'être terminée. Elle est en train de découvrir tout ce qu'elle peut accomplir avec sa queue artificielle, et ses entraîneurs et prothésistes recherchent toujours des façons de l'aider davantage. À chaque étape, ils doivent être ouverts à de nouvelles idées et solutions. Leur objectif commun est de faire en sorte que Winter vive longtemps, heureuse et en santé.

Quant à Winter, elle semble toujours prête à relever de nouveaux défis. En tant que championne, amie et source d'inspiration, elle nous donne de l'espoir et nous montre que rien n'est impossible.

Le voyage de Winter

Winter a été secourue dans la lagune Mosquito, puis a traversé la Floride dans un camion spécial jusqu'à l'aquarium marin de Clearwater. Ce trajet de près de 265 kilomètres a duré plus de trois heures pendant lesquelles le petit dauphin est demeuré hors de l'eau. Ce voyage a été difficile pour Winter, mais grâce à l'aide de nombreuses personnes et à son attitude de battante, elle est maintenant en bonne santé dans son nouvel environnement.

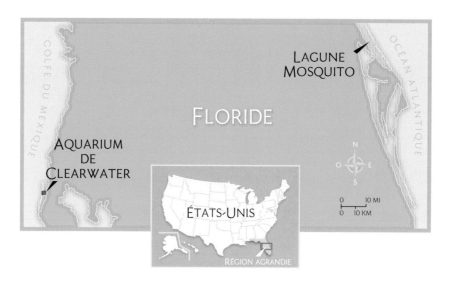

L'aquarium marin de Clearwater

Fondé en 1972, l'aquarium marin de Clearwater est le centre de sauvetage marin le plus réputé au monde. Il est voué au sauvetage, à la réadaptation et à la remise en liberté d'animaux aquatiques blessés, malades ou échoués. Cet organisme à but non lucratif situé à Clearwater, en Floride (É.-U.), sensibilise les gens de la région et les touristes — ainsi que des millions de personnes dans le monde grâce à sa présence médiatique — à l'importance de la protection et de la conservation des milieux aquatiques et des animaux qui vivent dans ces milieux. L'aquarium de Clearwater supervise également un programme de nidification des tortues de mer, dont les responsables inspectent des kilomètres de plage durant la saison de nidification pour repérer et protéger les nids, et s'assurer que les bébés tortues parviennent jusqu'à la mer. Les employés et les bénévoles de l'aquarium sont de garde tous les jours, 24 heures sur 24, pour secourir les tortues, les dauphins, les loutres de rivière et les autres animaux échoués ou blessés.

Dès qu'un animal arrive à l'hôpital de l'aquarium, une équipe de biologistes, de vétérinaires et de bénévoles expérimentés élabore un plan de réadaptation en fonction de la maladie ou des blessures de l'animal. Parfois, comme dans le cas de Winter, les blessures sont si graves que l'animal ne peut survivre par lui-même dans la nature et ne peut être relâché. L'aquarium prend de telles décisions de concert avec des organisations comme le National Marine Fisheries (service national des pêches maritimes) et la Florida Fish and Wildlife Conservation Commission (commission de préservation de la faune aquatique et terrestre de la Floride). Si un animal ne peut être remis en liberté dans son milieu naturel, il devient un pensionnaire permanent de l'aquarium de Clearwater.

Malgré sa remarquable expansion et sa réputation internationale, l'aquarium de Clearwater demeure un aquarium « de quartier », un endroit que les enfants et les adultes peuvent visiter en tout temps pour admirer l'inépuisable diversité, la grâce et la beauté des créatures marines. La sensibilisation à l'environnement joue un rôle crucial dans le travail sur le terrain. En plus de partager leur expertise et les incroyables histoires de leurs protégés, les employés et les bénévoles déploient beaucoup d'efforts pour faire savoir aux gens comment contribuer à protéger les animaux marins. L'aquarium transmet ce message important au moyen d'activités éducatives pratiques, telles que des circuits en bateaux écologiques, des camps de jour, des visites guidées, des ateliers mobiles et des interactions avec les animaux. Sa salle de cinéma à grand écran permet la présentation de films et de séquences inédites de sauvetage, de réadaptation et de remise en liberté d'animaux.

Le directeur général, David Yates, a commencé à travailler à l'aquarium de Clearwater en février 2006. Sous sa direction, l'aquarium a atteint en peu de temps des sommets inégalés. En tant qu'ancien directeur général du triathlon Ironman, M. Yates avait une grande expérience en stratégies novatrices et en gestion de personnel. Il a pris part au processus intensif menant à l'obtention d'une prothèse pour Winter, et l'a supervisé. Depuis son arrivée, le nombre de visiteurs a grimpé en flèche, la liste de bénévoles s'est considérablement allongée et l'aquarium s'est taillé une réputation enviable à l'étranger.

Les dauphins

Il existe près de 40 espèces de dauphins qui vivent dans tous les océans et dans quelques fleuves et rivières. Les dauphins sont de proches parents des baleines et des marsouins. Winter est un dauphin à gros nez de l'Atlantique, l'une des espèces les plus communes. Les dauphins sont des mammifères marins. Ils respirent de l'air comme nous, mais n'aiment pas se trouver hors de l'eau pour une longue période. Ils respirent par leur évent, situé sur leur tête, et montent souvent à la surface en exécutant des bonds gracieux hors de l'eau.

Les dauphins à gros nez sont très sociaux et vivent en groupes pouvant comprendre jusqu'à 15 individus. Plusieurs bandes peuvent se réunir pour quelques minutes ou quelques heures, surtout en eau profonde.

Tous les dauphins se repèrent par écholocation, qui est une façon d'obtenir de l'information sur ce qui les entoure au moyen des sons. Le dauphin émet une série de cliquetis, puis écoute leur écho. Son cerveau analyse ces sons, qui lui fournissent des renseignements importants. L'écholocation peut indiquer à un dauphin la taille, la forme, la direction, la distance et la vitesse d'un objet. Cette habileté est cruciale lorsqu'il chasse dans les profondeurs marines obscures. Les cliquetis, les sifflements et la posture sont aussi des façons de communiquer entre individus.

Selon de nombreux témoins, des dauphins ont guidé des bateaux égarés et même sauvé des petits cachalots échoués. On a même vu des dauphins protéger des nageurs d'attaques de requins.

Comme les dauphins vivent dans l'eau, ils sont sensibles à la qualité de l'eau des océans, des fleuves et des rivières de la planète. La pollution de l'eau nuit à tous les animaux aquatiques.

L'entraînement des dauphins

Les dauphins à gros nez de l'Atlantique sont bien connus pour leur intelligence, ce qui en fait des animaux très appréciés dans les parcs marins, les aquariums et les zoos. Les entraîneurs de dauphins étudient la biologie marine durant des années afin de pouvoir former et soigner des dauphins en captivité. Comme dans toute relation, le lien entre un entraîneur et un dauphin est fondé sur la confiance et la compréhension. L'entraîneur doit gagner la confiance de l'animal au fil du temps.

Bien qu'il soit amusant d'observer un spectacle de dauphins, de nombreux « tours » ont pour but de vérifier si un dauphin est blessé ou malade. Une séance d'entraînement est une routine bien établie qui aide l'entraîneur à voir si l'animal se comporte comme d'habitude. Les entraîneurs travaillent également avec les dauphins pour leur procurer des défis physiques et mentaux. Dans la nature, les dauphins doivent nager vite pour échapper aux requins ou chasser des poissons. Toutefois, dans un aquarium, les dauphins ne sont pas menacés par les requins et n'ont pas à chercher leur nourriture. De plus, on n'y trouve pas la même diversité de stimuli extérieurs que dans un océan, un fleuve ou une rivière. Les entraîneurs apprennent donc aux dauphins à nager rapidement et à suivre leurs indications afin de les garder en bonne santé physique et mentale.

Les entraîneurs ont recours au renforcement positif pour entraîner les dauphins. Lorsque le dauphin réagit de la façon voulue, l'entraîneur le félicite et lui donne souvent une récompense. La récompense fondamentale et immédiate est la nourriture, mais il peut aussi lui offrir un jouet, lui frotter le dos ou nager avec lui. L'entraîneur utilise aussi un sifflet. Il donne un coup de sifflet si le dauphin fait quelque chose correctement, puis il lui donne une récompense. Avec le temps, le dauphin reconnaît le coup de sifflet comme le signe qu'il a bien agi. Ce signal de transition, ou renforcement secondaire, relie les actions du dauphin à une récompense concrète.

L'entraîneur ne réagit pas au comportement négatif du dauphin. Il ne le punit pas et ne le réprimande jamais. Les spécialistes des animaux aquatiques ont appris que le renforcement positif est la technique la plus efficace.

L'objectif est de proposer des défis aux dauphins tout en gardant un côté divertissant à l'activité. Dans le cas de Winter, les entraîneurs voulaient s'assurer qu'ils n'exigeaient pas trop d'elle. Ils ne voulaient pas qu'elle accomplisse un exercice qui lui causerait de l'inconfort. Ils ont donc d'abord observé comment elle « s'amusait » pendant ses temps libres. Ils ont remarqué qu'elle aimait nager à la verticale et faire des culbutes, des rouleaux et des sauts en surface. Durant les séances d'entraînement, ils lui ont demandé de répéter ces mouvements, en la récompensant lorsqu'elle les accomplissait sur demande.

Kevin Carroll et Hanger Prosthetics & Orthotics

La compagnie Hanger Prosthetics & Orthotics a été fondée en 1861 par James Edward Hanger, le premier amputé de la guerre de Sécession. Incapable de trouver une prothèse qui lui convenait pour remplacer sa jambe, M. Hanger a décidé de s'en fabriquer une lui-même. Son modèle de jambe de bois munie d'une charnière au genou a eu tant de succès que le gouvernement lui a proposé de créer des prothèses pour d'autres anciens combattants.

Aujourd'hui, près de 150 ans plus tard, Hanger Prosthetics & Orthotics révolutionne toujours l'industrie. Kevin Carroll, vice-président de l'entreprise, a conçu des membres artificiels pour des anciens combattants, des athlètes et même des animaux, en prêtant une attention particulière à l'atteinte des objectifs de chacun de ses patients. Kevin Carroll est stimulé par son travail et aime aider les amputés à dépasser leurs limites. Il est reconnu pour sa compassion, son humour et son talent. Comme il aime beaucoup les animaux et souhaitait aider Winter, il a proposé ses services à l'aquarium de Clearwater. Même si cette tâche s'est révélée beaucoup plus complexe que prévu, Kevin Carroll et son équipe d'experts, dont le prothésiste Dan Strzempka, également amputé, ont élaboré de nombreux manchons et modèles afin d'obtenir le meilleur ajustement pour Winter et son corps en croissance.

Le gel de silicone mis au point pour réduire l'irritation de la peau sensible de l'animal est aujourd'hui utilisé sur la peau humaine aussi. De même, lorsque les ingénieurs créent des prothèses pour des athlètes de compétition, la nouvelle technologie sert à tous par la suite. Après avoir assisté aux Jeux paralympiques de Beijing, Kevin a insisté sur le besoin des amputés d'être actifs, autant physiquement que socialement. Il a souligné que les organismes Challenged Athletes Foundation et Disabled Sports USA offrent aux personnes ayant un handicap la possibilité de redevenir athlétiques, sans nécessairement faire de compétitions. En tant que clinicien, il estime qu'il doit faire connaître au public l'existence de ces groupes de soutien et les différentes possibilités qu'ils offrent.